MEDIOS DE TRANSPORTE

GAIL GIBBONS

CÓMO SE TRASLADA LA GENTE

HOLIDAY HOUSE  NEW YORK

Para Lorenzo

HOLIDAY HOUSE is registered in the U.S. Patent and Trademark Office.
Printed and bound in December 2025 at C&C Offset, Shenzhen, China.
www.holidayhouse.com
First Spanish Language Edition
1 3 5 7 9 10 8 6 4 2
ISBN: 978-0-8234-6243-8 (Spanish paperback)
ISBN: 978-0-8234-3425-1 (English hardcover)
ISBN: 978-0-8234-4188-4 (English paperback)

The Library of Congress has catalogued the first English language edition as follows:
Names: Gibbons, Gail, author.
Title: Transportation : how people get around / by Gail Gibbons.
Description: First edition. | New York : Holiday House, [2017] | Audience: Age: 4–8. | Audience: Grade: K–3.
Identifiers: LCCN 2016000933 | ISBN 9780823434251 (hardcover)
Subjects: LCSH: Transportation—Juvenile literature.
Classification: LCC HE152 .G47 2017 | DDC 388—dc23
LC record available at https://lccn.loc.gov/2016000933

EU Authorized Representative: HackettFlynn Ltd, 36 Cloch Choirneal, Balrothery, Co. Dublin, K32 C942, Ireland. EU@walkerpublishinggroup.com

Los medios de transporte son lo que la gente usa para trasladarse. Eligen lo que les funciona mejor para ir de un lugar a otro.

CARROS Y OTROS VEHÍCULOS
MOTONETA
CARROS, también
llamados COCHES
o AUTOMÓVILES
MINIVÁN
CAMIONETA *PICKUP*
DE DOS PUERTAS
Los conductores y pasajeros viajan por carreteras...

...y autopistas.

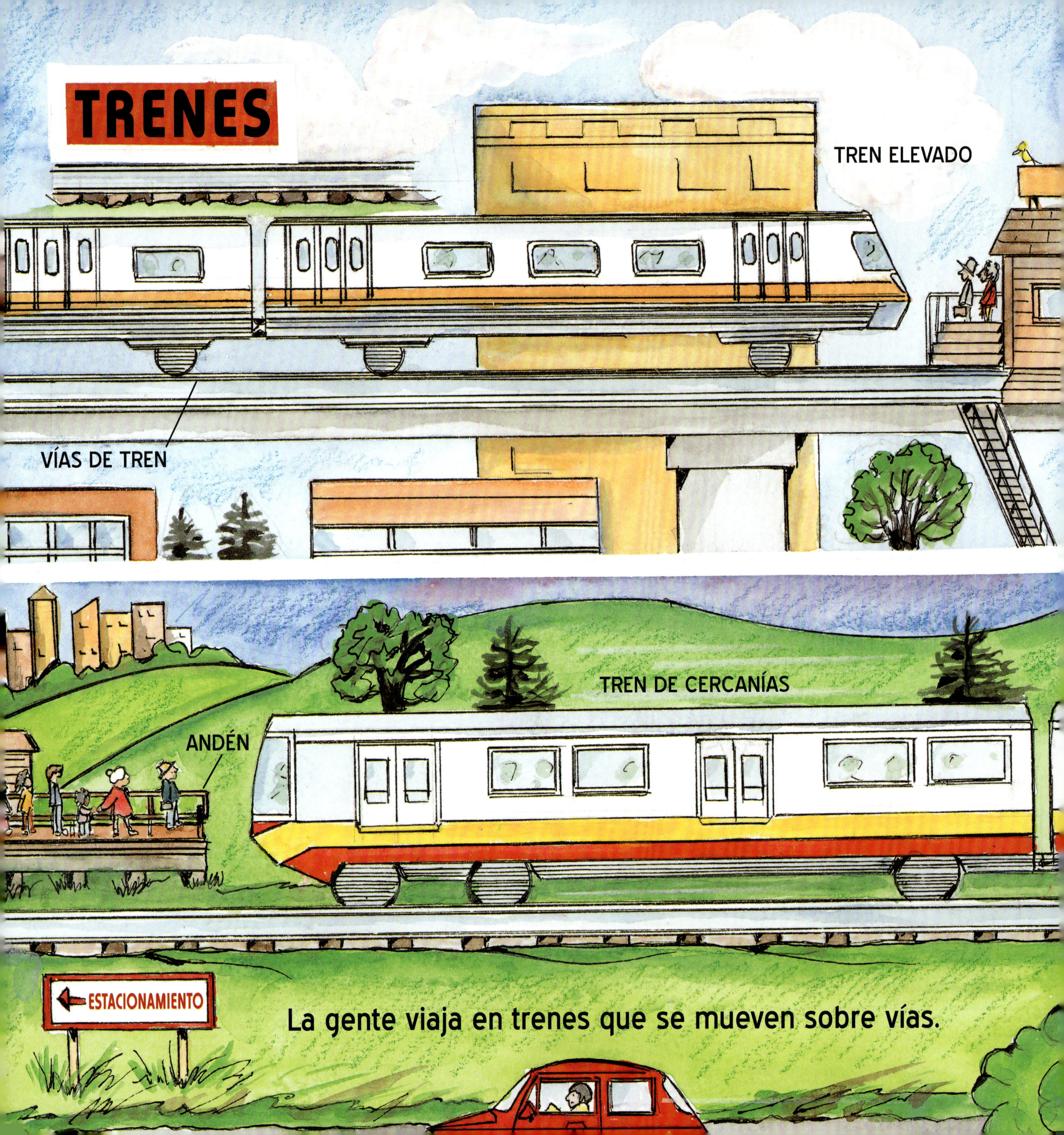

La gente viaja en trenes que se mueven sobre vías.

AERONAVES

Algunas personas vuelan por el cielo en aviones.

BARCOS
LANCHA MOTORA
Los BARCOS muy grandes se llaman BUQUES.
CRUCERO
La gente usa barcos para trasladarse por el agua.

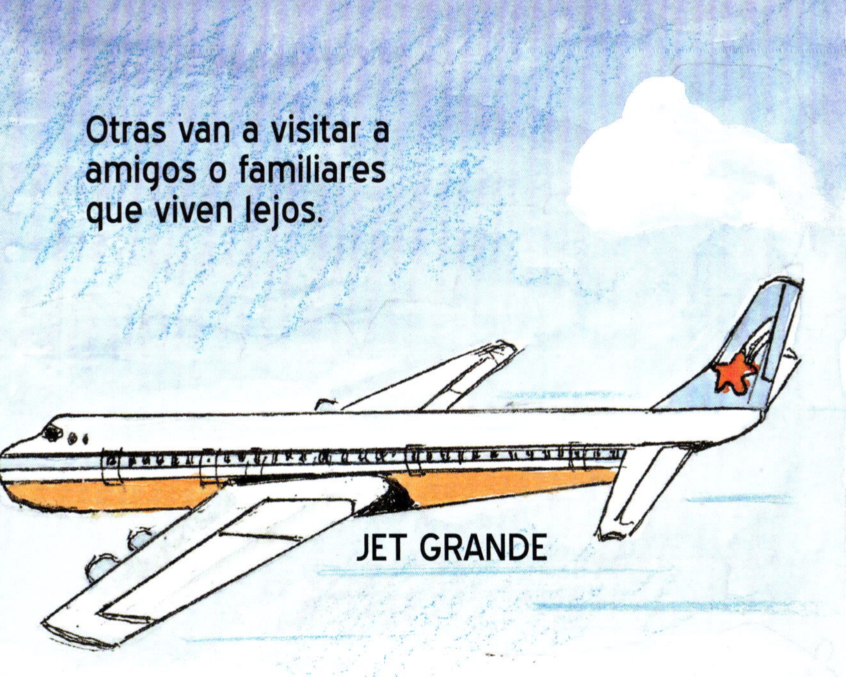

Algunas personas viajan distancias cortas, otras van a lugares lejanos.

Los carros y otros vehículos que circulan por las carreteras son de muchas formas y tamaños diferentes.

La gente puede trasladarse de muchas maneras.

AUTOBÚS ESCOLAR
AUTOBÚS DE CERCANÍAS
A veces, las personas comparten el viaje al trabajo o a la escuela.
TAXI
CARRO COMPARTIDO
TAXI
AUTOBÚS URBANO
BICITAXI
Mucha gente depende del transporte público.

Todos los días, muchas personas van y vuelven de los mismos lugares, como el trabajo o la escuela. Realizan viajes cotidianos.

A menudo, la gente quiere viajar con comodidad. Algunos viajan en vehículos de lujo.

Algunas personas poseen vehículos que tienen todas las comodidades del hogar.

La mayoría de los trenes avanzan sobre dos rieles paralelos llamados vías férreas. Los pasajeros revisan los horarios para decidir qué tren tomar.

Algunas personas viajan en metro por túneles subterráneos. Otras viajan en trenes elevados y otras más viajan a nivel de calle.

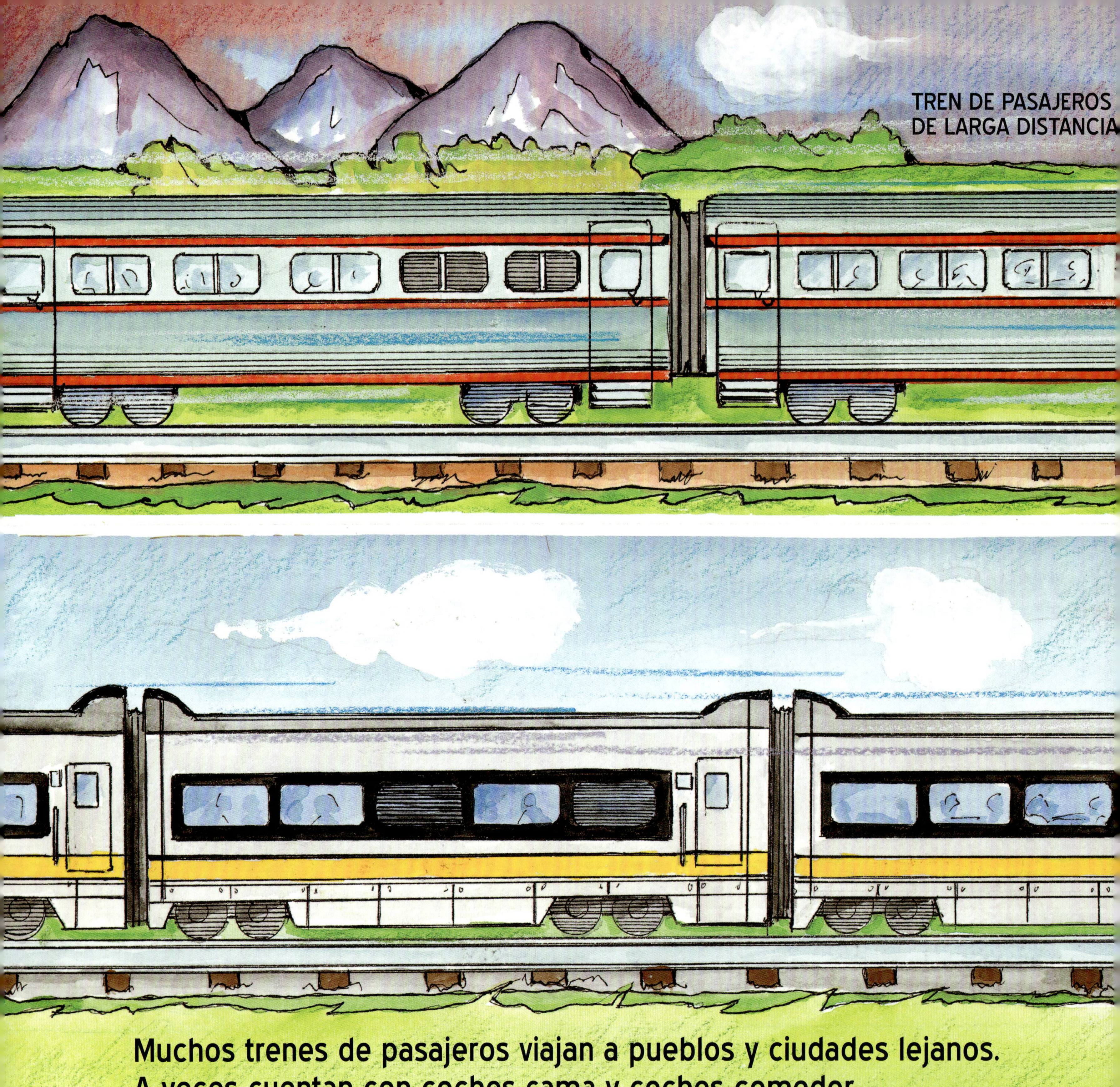

Muchos trenes de pasajeros viajan a pueblos y ciudades lejanos. A veces cuentan con coches cama y coches comedor.

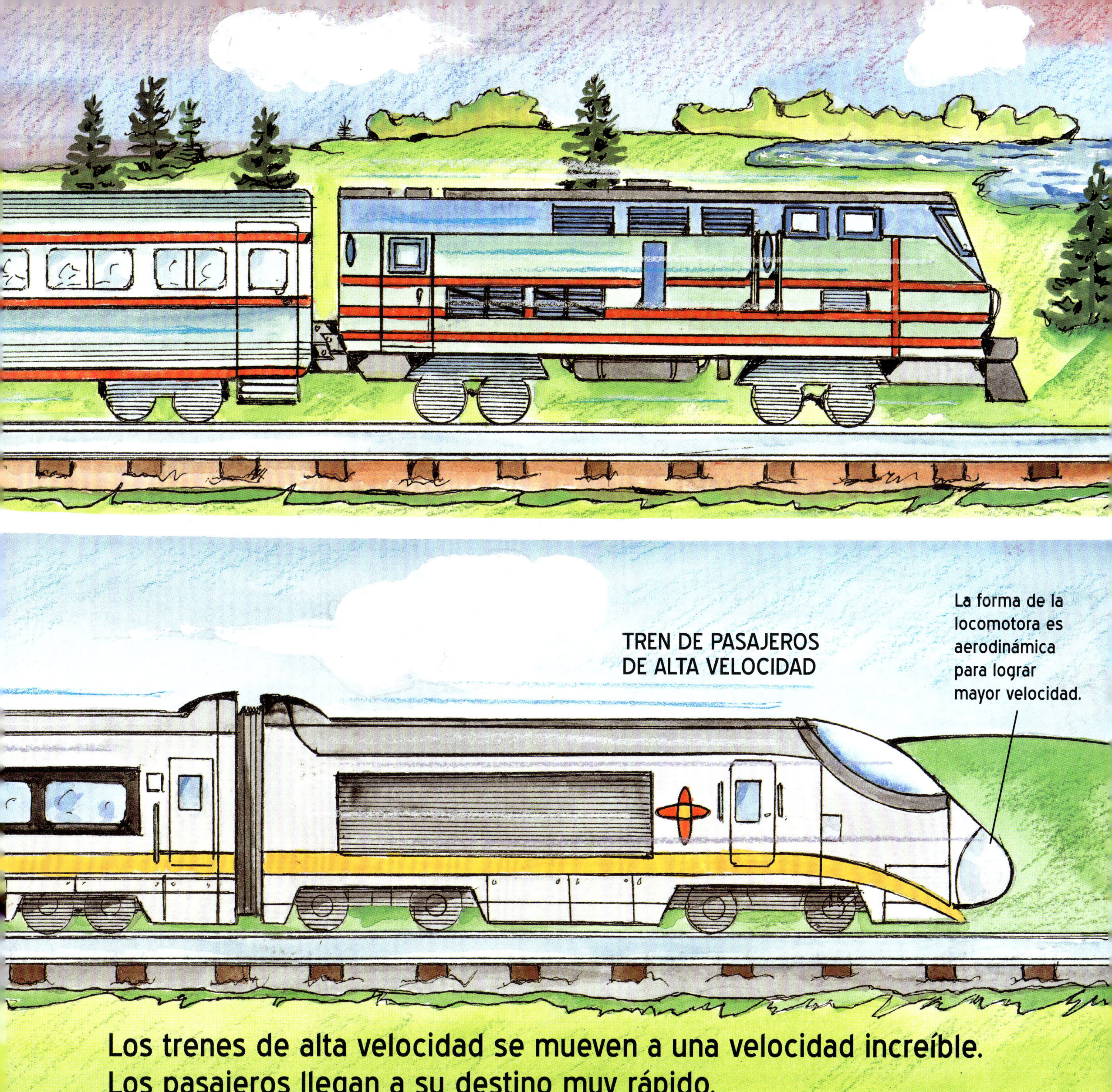

Los trenes de alta velocidad se mueven a una velocidad increíble. Los pasajeros llegan a su destino muy rápido.

AERONAVES

AVIONETA DE PASAJEROS

HÉLICES

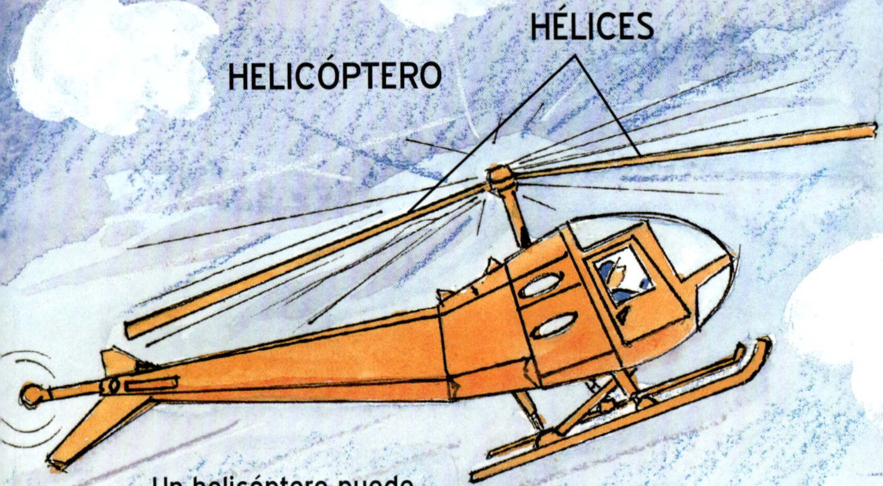

HELICÓPTERO

HÉLICES

Un helicóptero puede moverse hacia arriba, hacia abajo, hacia adelante y hacia los lados.

Un HIDROAVIÓN puede aterrizar y despegar desde el agua.

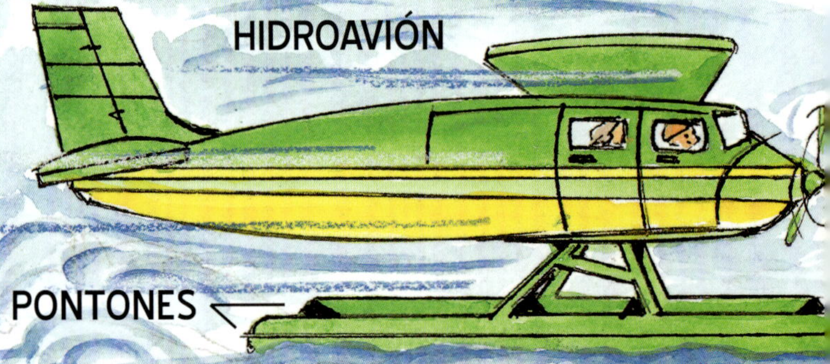

HIDROAVIÓN

PONTONES

En el cielo hay aeronaves pequeñas y grandes. Los helicópteros y muchos aviones tienen motores que hacen girar sus hélices para volar.

Hay aviones de hélice de gran tamaño que transportan muchos pasajeros.

Los jets vienen en muchos tamaños y tienen potentes motores a reacción.

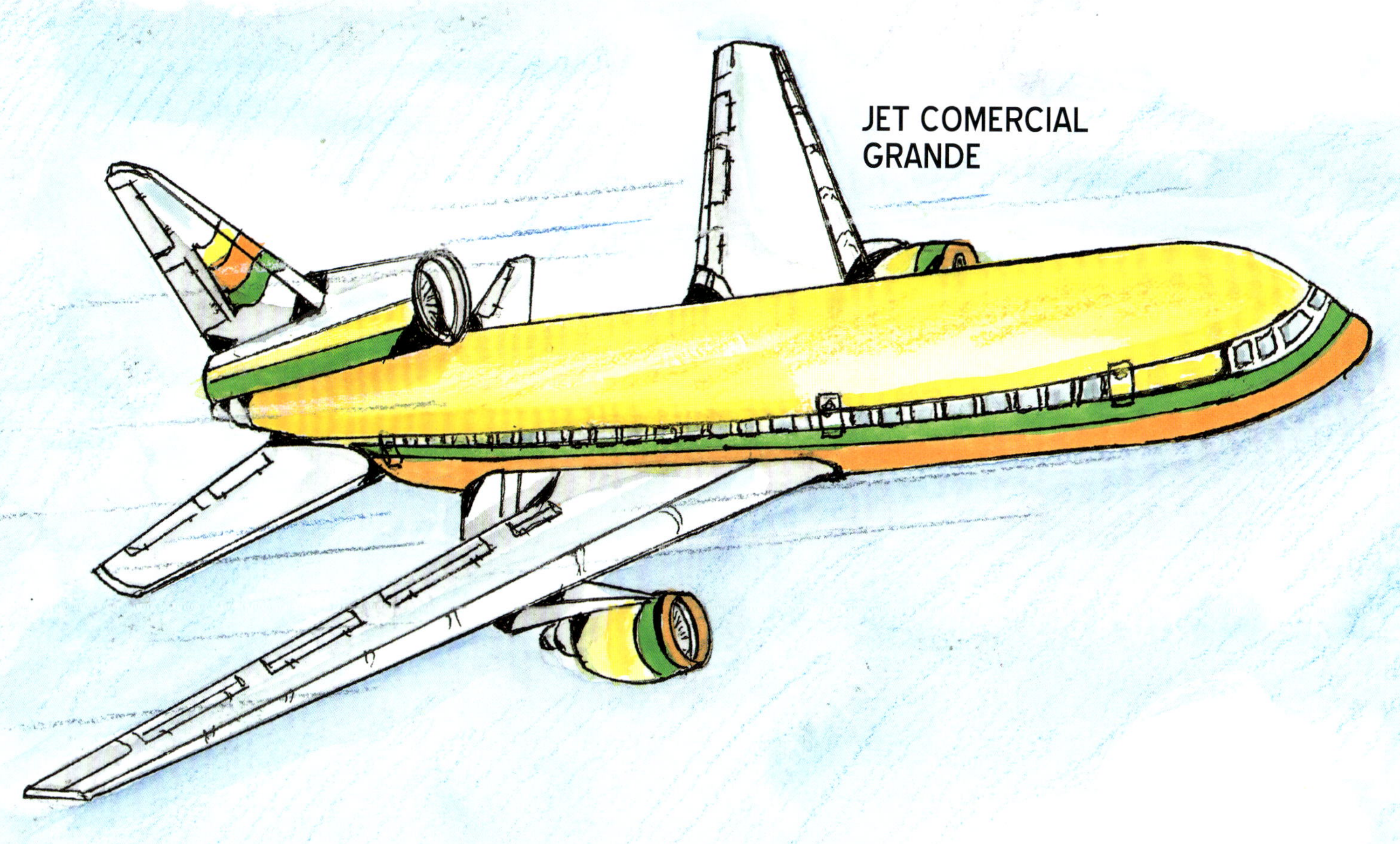

Algunos jets son enormes. Pueden transportar muchos pasajeros a lugares lejanos.

BARCOS

Hay barcos de todos tamaños y con distintos tipos de propulsión. Algunos son barcos de trabajo.

Algunos son barcos de recreo.

Algunos barcos son más grandes y transportan una mayor cantidad de pasajeros.

Los cruceros transportan muchos pasajeros que desean visitar muchos lugares de interés.

TRANSPORTE EN EL ESPACIO

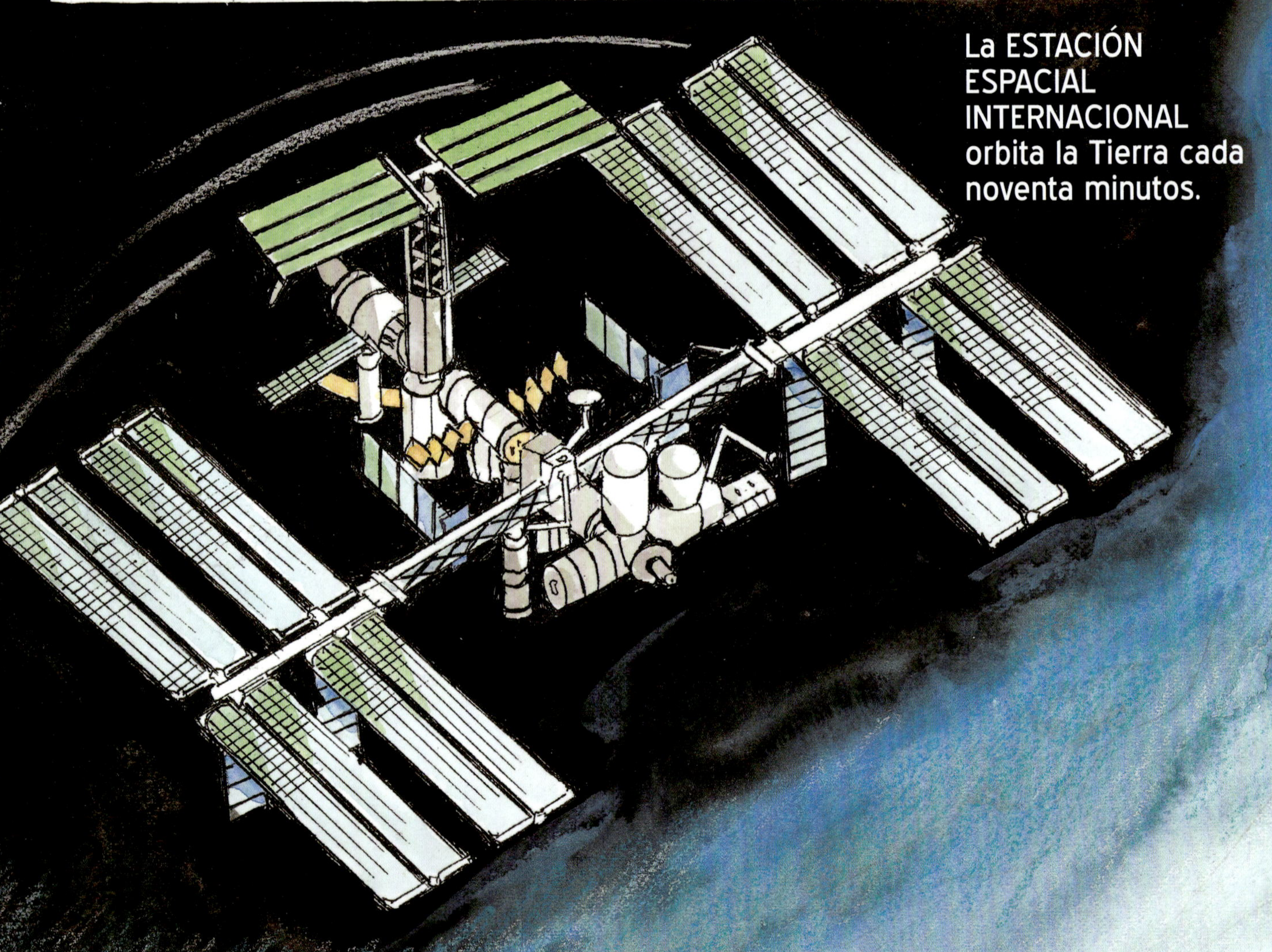

La ESTACIÓN ESPACIAL INTERNACIONAL orbita la Tierra cada noventa minutos.

Astronautas, científicos y otros especialistas de todo el mundo viajan a la Estación Espacial Internacional. Estudian los viajes espaciales y realizan experimentos científicos. En el futuro, la gente podría viajar de muchas maneras nuevas.

Hay muchas formas en las que la gente puede ir de un lugar a otro.

¡La gente siempre está en movimiento!

¡Hay medios de transporte por todas partes!

SEÑALES, ANUNCIOS E INSTRUMENTOS DE NAVEGACIÓN QUE DEBES CONOCER

CARROS Y OTROS VEHÍCULOS

LÍMITES DE VELOCIDAD

90 km/h = 56 mph

ALTO

PRECAUCIÓN

AVANCE

SEMÁFORO

CRUCE PEATONAL

PROHIBIDO CRUZAR

CRUCE DE FERROCARRIL

SEÑAL DE ALTO

DIRECCIÓN

GPS

(SISTEMA DE POSICIONAMIENTO GLOBAL)

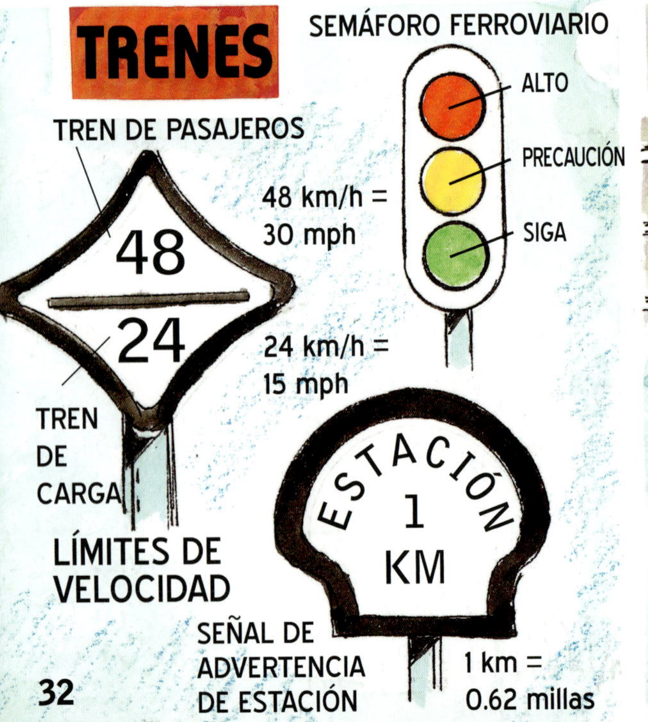